帰京後の親鸞―明日にともしびを―⑦

# 七十九歳の親鸞

―山伏弁円・平塚の入道の没―

今井雅晴

「帰京後の親鸞——明日にともしびを——」シリーズ

# 刊行の趣旨

親鸞は鎌倉時代に阿弥陀仏の教えを説き、信心《しんじん》と報謝《ほうしゃ》の念仏を人々に伝えました。その九十年という長い一生のうち、四十二歳から六十歳までの十八年間は、新興の武士の都ともいうべき関東での布教伝道に心血を注ぎ、多くの門弟を得ました。これは武士が親鸞の「悪人正機《あくにんしょうき》」に心を洗われた思いがし、また「信心」「報謝」に強い感動を与えられたからでしょう。武士は人殺しの悪業《あくごう》に苦しみ、また対人関係で「信《しん》頼《らい》」と「報謝」を大切にしていました。「信心」と「信頼」はその向ける対象は異なりますが、心は共通しています。主君に対する裏切りが尊ばれた戦国時代末期から安土桃山時代（拙稿「本願寺顕如・教如と織田信長『約束破り』の『皆殺し』」『東国真宗』第一〇号、二〇二〇年）とは大いに異なります。親鸞は時代と社会に対応した教えを説いたのです。そして五十二歳の時、主著の『教行信証《きょうぎょうしんしょう》（顕浄土真実教行証文《けんじょうどしんじつきょうぎょうしょうもん》類《るい》)』を執筆しました。

その八年後、親鸞は関東を離れて帰京し、九十歳までの三十年を生きました。当初、行動がはっきりしない時期もありましたが、やがて再び門弟との交流を盛んに行なうようになりました。

また七十歳代の半ばに『教行信証』をほぼ完成させると、今度は『浄土和讃《じょうどわさん》』『高僧和讃《こうそうわさん》』『唯信鈔文意《ゆいしんしょうもんい》』等、わかりやすい教学の本を著わすようになりました。この執筆活動は八十歳代に入ってから特に盛んになりました。これは親鸞が同じ時代を生きている人のみならず、将来の、明日の人々に対しても生きるともしびを示しておきたいという、強い意欲に基づくものではないでしょうか。本シリーズの副題「明日にともしびを」はこのことによってつけています。

この間、妻の恵信尼《えしんに》や息子の善鸞《ぜんらん》・娘の覚信尼《かくしんに》・孫の如信《にょしん》をはじめとする家族とはいろいろなできごとがありました。それらはすべて親鸞の救いの思想を深めていきました。帰京後の三十年間は、親鸞の人生の総仕上げでした。

一方、帰京後の親鸞が生きた鎌倉時代の中期は、朝廷に代わって幕府が日本の実権を握りつつある時代でした。商業は発展し、各地の流通も盛んになりました。これに応じて、宗教界にもさまざまな動きがありました。また大陸では蒙古《もうこ》が南宋《なんそう》や朝鮮半島の高麗《こうらい》を長年にわたって圧迫し、侵略し、その影響はしだいに日本にも及んできていました。

「帰京後の親鸞――明日にともしびを――」シリーズでは、このような政治・社会・宗教そして国際状況の中で、親鸞は亡くなるまでどのように生きたのか、可能な限り年齢を区切って追っていきます。全十五冊という計画です。

すでに刊行した本シリーズ第一冊『六十三歳の親鸞――沈黙から活動の再開へ――』では、親鸞は六十歳で帰京しましたが、しばらく布教活動をためらい、六十三歳の時に法兄聖覚《ほうけいせいかく》の往生をきっかけに活動を再開したと推定しました。

第二冊『六十七歳の親鸞――後鳥羽上皇批判――』では、親鸞を越後《えちご》に流した後鳥《ごと》羽上皇《ばじょうこう》がこの年に亡くなったので、それを軸に述べました。親鸞の気持ちも推測しました。

第三冊『七十歳の親鸞――悪人正機説の広まり――』では、悪人正機を強く求めたのは武士であったろうこと、親鸞の有力門弟も武士であったことを述べました。

第四冊『七十四歳の親鸞――覚信尼とその周囲の人びと――』では、親鸞の娘の覚信尼の生活と身近な親類、また彼女が家の女房として仕えた太政大臣《だじょうだいじん》久我《こが》通光《みちてる》の活躍を述べました。

第五冊『七十五歳の親鸞――『教行信証』の書写を尊蓮に許す――』では、親鸞が従弟《いとこ》で従三位《じゅさんみ》の貴族尊蓮《そんれん》に初めて『教行信証』の書写を許したことと、その社会的意義について述べました。

第六冊『七十六歳の親鸞――『浄土和讃』と『高僧和讃』――』は、親鸞作の最初の和讃（漢文ではない和文の、仏菩薩・先師・経典などを褒め称《たた》える歌）について述べました。

シリーズ第七冊の本書『七十九歳の親鸞――山伏弁円・平塚の入道の没――』の、親鸞七十九歳の年は建長《けんちょう》三年（一二五一）です。これは親鸞が法然の門に入ってから満五十年に当たります。そこで本書ではまず幕府・朝廷の政治状況を見てから、法然門下の専修念仏者《せんじゅねんぶつしゃ》の全国的展開の様子を述べます。親鸞との関わりがあればそれも述べます。続いて前年に親鸞が書いた『唯信鈔文意』の内容を検討します。次に親鸞七十九歳で没した常陸国《ひたちのくに》の山伏弁円《やまぶしべんねん》が、かつて親鸞に敵意を抱き、板敷山《いたじきさん》で殺害しようとしたことを見ていきます。しかし弁円は稲田草庵《いなだのそうあん》で親鸞に面会してから逆に心服し、熱心な念仏の行者になりました。またこの年、同じく親鸞の門弟平塚の入道も没したことを記し、最後に、常陸国では門弟たちの間にいろいろな問題が発生していたことを述べます。

◆ 目　次 ◆

帰京後の親鸞──明日にともしびを──⑦

# 七十九歳の親鸞──山伏弁円・平塚の入道の没──

# はじめに

本シリーズ❼の本冊は、建長三年（一二五一）、親鸞七十九歳の年の様子を見ていきます。二十九歳で法然の門に入った親鸞は、それから五十年後、いかに生きていたでしょうか。

本書は、歴史学の観点から帰京後の親鸞を述べるというシリーズの一冊ですから、まず鎌倉幕府・朝廷の動きに示される社会の様子から見ていきます。幕府では、北《ほう》条《じょう》時頼《ときより》が五年前に二十歳の若さで第五代執権《しっけん》に就任しています。そして得宗《とくそう》（北条氏の本家。特に第三代執権北条泰時《ほうじょうやすとき》・第四代経時《つねとき》・第五代時頼の系統）に叛意《はんい》を持つ北条一族の名越家《なごえけ》を圧倒し、さらに最強の対抗相手であった三浦泰村《みうらやすむら》を滅ぼしました。世に言う宝治合戦《ほうじかっせん》です。加えて経時の代に第四代将軍から下ろしていた、藤原《ふじわらの》（九条）頼経《よりつね》を強制的に帰京させました。頼経は将軍職を息子の頼嗣《よりつぐ》に譲らされていたのですが、なお「大殿《おおいとの》」として強い影響力を持ち、反得宗の中心に祭り上げられていたからです。

親鸞七十九歳の八月、時頼には次男ながら嫡子《ちゃくし》の時宗《ときむね》が誕生しました。幕府ではさらに前に進もうとの気勢が高まった気配です。ただこの二年前に、時頼の庶長子《しょちょうし》時輔《ときすけ》が誕生していますので、後継者をめぐる火種《ひだね》ができたということにもなりました。

時頼は、宝治合戦で勝利した時、夜中に腹心《ふくしん》の者たち数人を自分の屋敷に呼んで重要事項を相談していました。当初は「深秘《じんぴ》の御沙汰《ごさた》」と呼ばれ、のちに「寄合《よりあい》」と呼ばれた夜の会議です。「寄合」のメンバーは「寄合衆」と呼ばれ、以後、この会が評《ひょう》定衆《じょうしゅう》の会議を超える幕府の決定機関となっていきました。

また時頼はこの建長三年に、二年前に新設された幕府の引付衆《ひきつけしゅう》を改組《かいそ》しました。引付衆は評定衆の仕事を充実させるために設けられていた職です。執権時頼は意欲的に仕事に取り組んでいたのです。

朝廷では三年前と変わらず、幕府の強力な支援を得た後嵯峨上皇《ごさがじょうこう》が院政《いんせい》を行なっていました。上皇は幕府の評定衆から学んで、十人前後の貴族たちを集め、「院の評定」を創設して政治を強力に進めていました。これ以前は、公卿《くぎょう》と呼ばれる左右大臣・大納言・中納言・参議《さんぎ》などの者たち十数人の会議で物事が決定していたのです。それは奈良時代からの慣行でした。

ところで本シリーズを本書❼から読み始めてくださる方もおられると思いますので、❻と部分的に重なることもあるのを承知の上で、親鸞七十九歳までのこととして幕府と朝廷の数年間の様子を本書でも述べることにしました。

続いて本書では、親鸞七十九歳の時に、法然の門弟やその門流がどのように各地で展開しているかを述べました。法然の門弟や支持者は多数いました。名前がわかっているだけで三百人以上います。本書ではその中で、長西《ちょうさい》という人物とその信仰上の主張である諸行本願義《しょぎょうほんがんぎ》（九品寺義《くほんじぎ》）を、それから嵯峨《さが》の念仏房《ねんぶつぼう》、隆寛《りゅうかん》と長楽寺義《ちょうらくじぎ》、弁長《べんちょう》・良忠《りょうちゅう》と鎮西義《ちんぜいぎ》、幸西《こうさい》と一念義《いちねんぎ》、証空《しょうくう》と小坂義《こさかぎ》（西山義《せいざんぎ》）を取り上げました。

〜義というのは、その人々の本拠地を示すとともに、信仰内容も示しています。

以上を背景にした上で、本書では親鸞が七十八歳の時に執筆した『唯信鈔文意』を検討します。『唯信鈔文意』は親鸞の法兄聖覚が承久《じょうきゅう》三年（一二二一）に執筆した『唯信鈔』の解説書です。

『唯信鈔』では、専修念仏《せんじゅねんぶつ》は信すなわち阿弥陀仏の救いを深く信じて称えることが重要である、と主張しています。仏教教学に詳しい学僧相手ではなく、一般の人々、貴族や武士およびそれに連なる人々向けのわかりやすい内容で書かれています。親鸞はこの書物をとても尊重し、自ら書写して自分の門弟たちに読ませています。

『唯信鈔』成立後三十年、親鸞は自分でその注釈書を書く決心をしました。社会の様子も変わったからでしょう。それが『唯信鈔文意』です。しかし実際のところ、『唯信鈔文意』は一般の人々向けというより、地方の、恐らくは関東の指導者的な門弟向けを意識した書物のようです。本書❼では両書を解説しつつ、そのことについて述べました。

さてその次に、親鸞七十九歳の時に亡くなった門弟の山伏弁円（明法房《みょうほうぼう》）と平塚の入道について述べました。山伏弁円は、親鸞の念仏布教を邪魔しつつ、親鸞を憎み、殺そうとしました。そして稲田草庵まで押しかけ、そこに現われた親鸞の思わぬ反応に驚き、すっかり親鸞に心服してしまいました。そしてすぐさまその門下に入り、熱心な念仏の行者となりました。この話は『親鸞伝絵《しんらんでんね》（御伝鈔《ごでんしょう》）』に詳しく、また感動的に書かれていますので、有名です。

ただし弁円は従来から言われていたような、「もとは悪い人間だったが反省して入門した」という評価で片付けられて終わり、というだけの人物ではなかったようです。本書にはそのことにも焦点を当てて述べました。

山伏弁円坐像。茨城県石岡市大増・大覚寺蔵

続いて平塚の入道について述べました。彼は、神奈川県（相模国《さがみのくに》）平塚市平塚ゆかりの人物とされることが多いです。しかし平塚の入道が亡くなったことを伝える親鸞の書状から判断すると、彼は常陸国で有名な人物であった気配です。すると平塚の入道

は常陸国ゆかりの人物であったのか、と考えを巡らすことも可能です。本書ではこのあたりのことも検討しました。

本書の最後に、常陸国では念仏がかなり混乱してきており、それを親鸞が懸念していることを述べておきました。

ではまず、鎌倉幕府と朝廷の状況に入ります。

# 1　鎌倉幕府と朝廷

## (1) 鎌倉幕府：執権北条時頼の強い指揮

### ① 政敵を圧倒した数年間

幕府では寛元《かんげん》四年（一二四六）に北条時頼が第五代執権となっていました。それは病気がちだった兄経時二十三歳の譲りを受けてでした。経時は四年前に執権になったばかりでした。そして兄から執権職を譲られた時頼も、まだ二十歳の若者だったのです。執権の指導力の弱体化は明らかでした。関係系図は次のとおりです。このうち、×印がついている人物は、時頼が執権になった時には亡くなっていた人物です。そして時頼の兄経時は、時頼に執権職を譲って四ヶ月後に亡くなりました。

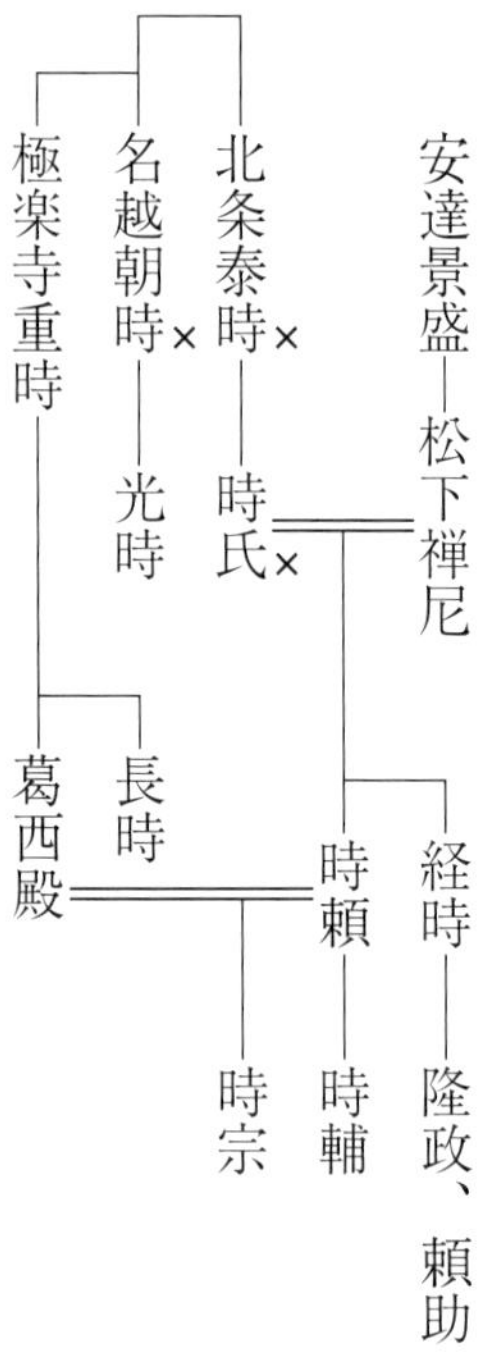


鎌倉には反得宗の勢力が渦巻いていました。それは北条一族の名越氏、強大な豪族三浦氏、「大殿」として鎌倉に居座っていた扱いにくい九条頼経たちが中心でした。

藤原（九条）道家——頼経——頼嗣

このような状況の中で執権となった時頼を、源《みなもとの》　頼朝《よりとも》以来の御家人《ごけにん》であった安達《あだち》氏の景盛《かげもり》が強力に支えました。その支えのもとに、時頼は執権になって二ヶ月後、頼経を京都に追放しました（宮騒動《みやそうどう》）。頼経を援助していた名越光時《なごえみつとき》も押さえ込みました。

これには、この年に息子の後深草天皇《ごふかくさてんのう》に譲位《じょうい》し、院政を始めていた後嵯峨上皇の協力がありました。続いて時頼は関東申次《かんとうもうしつぎ》（朝廷と鎌倉幕府との連絡役）として大きな権力を握っていた九条道家《くじょうみちいえ》を辞めさせました。道家は頼経の父でした。

翌年の宝治《ほうじ》元年（一二四七）六月、時頼は引き続く安達景盛の強力な援助で、反時頼の三浦泰村と同光村《みつむら》および三浦氏に協力する多くの豪族たちを滅ぼしました（宝治合戦）。

## ②引付衆の設置と改革

建長元年（一二四九）、時頼は幕府に引付衆を設置しました。引付衆は評定衆の下に、裁判を早く行なうことと公正さを期すために設置されたものでした。

幕府のもとに集まる御家人たちのもっとも大きな関心事は、領地争いでした。その争いはなかなかおさまらず、裁判として幕府に持ち込まれたのです。

領地争いがなかなか解決しなかった理由として、当時の社会的常識や慣例による影響もあります。それは、以下のようなことでした。

イ　父親が領地をたとえば長男に譲り幕府が承認しても（いずれも証明書あり）、のちに取り上げて次男等に譲り直すこともできました。これは「悔《く》い返《かえ》し」という親の権利です。長男は憤慨《ふんがい》して幕府に訴えてきました。

ロ　領地を他人に売っても、所有権は完全に他人に渡ったのではなく、何かの折にもとの所有者が所有権を主張し、幕府に訴えることが可能でした。「売る」という意味が現代とは異なっていたのです。それでは困ることがあるので、室町時代に「永代売り《えいたいう》」といって、所有権を買った者に永久に移す慣行が始まりました。現代の「売買」はこの「永代売り」の慣行の上に成り立っています。

ハ　領地の境界線は、地図上で線を引いて示されることはなく、たとえば東西南北四ヶ所、「北は桜の木、西は檜《ひのき》、南は川、東は沼」などと書かれるだけだったので、はっきりしないことも多かったのです。また開墾などが進めば境界線が曖昧《あいまい》になることもありました。

この裁判の迅速化・公正を期すという目的のもとに設置されたのが「引付衆」でし

た。この職は、評定衆に提出する裁判の議題の準備・事務的作業を担当するものです。六班に分けて作りました。それぞれの指導者である引付頭人《ひきつけとうにん》は、評定衆が兼ねました。

さらに時頼は、引付衆設置の二年後の建長三年（一二五一）、早くも引付衆の組織改革を行ないました。『吾妻鏡《あづまかがみ》』同年六月二十日条に、次のようにあります。

> 引付の事、結番《けちばん》せらると雖《いえど》も、重々《じゅうじゅう》其の左右を歴《へ》られ、六方を縮めて三方と為す。

「引付衆のことについて。順番を定めて交代で出仕していましたが、紆余《うよ》曲折《きょくせつ》を経て、六班を小さくして三班としました」。

各班では、当然ながらいろいろさまざまな資料を調べて検討することになります。全六班ならば、ある班は他の五班の裁判記録や、どのように話が進んだかなども調べる必要があります。記録も他の五班分を作る必要もあるでしょう。しかし半分の三班にすれば、それぞれの班自体で蓄積される記憶は自然にぐっと多くなりますし、幅広い観点からの裁判が可能になる、ということです。

時頼はよい裁判制度を作り、御家人の信頼を得ていこうとしたのです。この時、時頼は二十五歳でした。

## ⑵ 時頼の嫡子時宗の誕生

### ① 兄経時の息子たちを出家させる

時頼は、祖父泰時の弟名越朝時《なごえともとき》の七人の息子たちが、強力に得宗に反抗し続けていることを見てきました。彼らの反抗の根拠は、泰時は嫡子ではなく、嫡子は朝時であるということでした。それでも慎重な朝時が生存中は我慢をしていましたが、寛元三年（一二四五）に亡くなると、何度か息子たちの不満が爆発しました。しかしそのたびに潰されました。その様子を系図を使って説明します。

名越朝時―┬光時　一二四六年　時頼に反抗、所領を没収され伊豆に流される。

時章　一二七二年　時宗に反抗、自害させられる。
時長　一二四六年　時頼に反抗、降伏。
時幸　一二四六年　時頼に反抗、自害。
時兼　（不明）
教時　一二七二年　時宗に反抗、殺される。
時基　一二七三年引付衆、一二七八年評定衆、一二八〇年遠江守。

鎌倉・荏柄（えがら）天神社のイチョウ。鎌倉では鶴岡八幡宮のイチョウが最古とされ、源実朝を暗殺した公暁（こうきょう）が隠れていたと言われてきました。しかし、2010年に突然倒れました。現在では荏柄天神社のイチョウが最古とされています。神奈川県鎌倉市二階堂。市川裕美さん撮影

この問題は長年月に及び、末っ子の時基《ときもと》が北条時宗に引き立てられて問題が解決したのは、泰時が執権になってから数十年後でした。時頼もうこの世にいませんでした。名越家の怨念《おんねん》は強烈だったのです。

さて時頼は北条氏が内部から崩れていくのを防ぐため、兄の二人いた息子たちを出家させてしまいました。まず執権就任後間もなく、庶長子《しょちょうし》の隆政《りゅうせい》六歳を出家させました。隆政より三歳年下の、嫡男だった異腹《いふく》の弟頼助《らいじょ》もやがて出家させています。時頼は、経時ではなく自分の子孫が執権職を受け継いでいくことを内外に明確に示し、将来の後継者争いを防いだのです。

隆政は二十歳そこそこで早死にしましたが、長命であった弟の頼助は自分の立場を理解し、朝廷と幕府の仲介役として時頼のためによく働きました。

## ② 時頼の庶長子時輔の誕生

時頼に最初の男子が生まれたのは、執権就任後二年目の宝治二年（一二四八）五月でした。『吾妻鏡』同月二十八日条に次のようにあります。文中、「左親衛《さしんえい》」とは時頼のことです。「親衛」は「近衛府《このえふ》」の中国名で、時頼は左近衛府の将監《しょうげん》（第三等官）でした。

　左親衛妾《しょう》（幕府女房）男子平産と云々《うんぬん》。今日、字《あざな》を授けらる。宝寿《ほうじゅ》と云々。

「時頼殿の愛人（幕府の女官）が、時頼殿の息子を安らかに産んだそうです。今日、名がつけられました。それは宝寿丸というのだそうです」。

　この宝寿丸がのちの北条時輔《ほうじょうときすけ》です。時頼にとってはめでたいことです。しかし北条氏にとって、また幕府体制にとって困ったことが生じることが予測されます。それは時輔の母が時頼の室（嫡妻）ではなく、妾であったことです。彼女は山陰地方の武士である三処氏《みところし》の出身でした。時輔が後継者になれば幕府内の力関係が混乱します。それをもっとも心配したのは北条重時《ほうじょうしげとき》と安達景盛でしょう。重時は泰時の異腹の弟ですが、よく兄に協力して幕府の安定化に努めた人物でした。特に北条時氏《ほうじょうときうじ》が六波《ろくは》羅探題《らたんだい》を辞めて以来、十七年間にわたってその職を勤め上げた人物です。その間、貴族たちの不満を表面に出させずに押さえ込んだのですから優れた政治力を持っていたことがわかります。

宝治合戦で三浦泰村が滅びたのち、重時は時頼の要請によって鎌倉に戻り、連署《れんしょ》に就任して時頼を助けました。連署とはもう一人の執権のことで、命令書などに連名で署名しましたので、「連署」と呼ばれたのです。鎌倉幕府は、二人執権制でした。「連署」という正式の職名はありませんでした。

## ③ 時頼の妻葛西殿、嫡男の時宗を産む

時頼には、時輔を産んだ三処氏の女性とは別に、嫡妻がいました。それは大江広元《おおえのひろもと》の四男毛利《もり》（森）季光《すえみつ》の娘でした。しかし季光は宝治合戦において娘婿・執権の時頼ではなく、妻の兄である三浦泰村に味方して戦死しました。そのため、時頼は嫡妻を離婚していました。二人の間に子どもはいませんでした。

やがて重時は自分の娘と時頼とを結婚させます。のちに葛西殿《かさいどの》と呼ばれた女性で

す。建長三年五月十五日条の『吾妻鏡』に次のようにあります。時頼の嫡男時宗の誕生です。

若君誕生。奥州兼ねて座せらる。此《こ》の外《ほか》、一門の老若《ろうにゃく》、摠《そう》じて諸人の参加、勝《しょう》計《けい》すべからず。

「時宗殿が誕生されました。重時殿は産所に詰めて待っておられました。そのほか、北条一族の人が老いも若きもやってきて、その人数は数え切れないほどでした」。

## (3)　朝廷：幕府指導下の後嵯峨院政

朝廷では後嵯峨天皇が仁治《にんじ》三年（一二四二）に幕府の後押しで即位し、四年後に四歳の息子後深草に譲位して強力な院政を開始していました。

前述の宝治合戦で三浦一族を滅ぼしたのち、時頼がすぐに後嵯峨上皇に戦勝を報告すると、折り返しお祝の言葉が与えられました。そこで時頼以下、幕府有力者数人が

次のように申し合わせたといいます。『吾妻鏡』同年六月二十六日条に、

公家御事《こうけのおんこと》、殊に尊敬を奉るべし、

「後嵯峨上皇様については、特にその政治を尊重し申し上げよう」とあります。上皇も幕府の意向によく対応し、天皇の皇子を征夷大将軍として迎えたいという幕府の長年の希望に応じたのでした。それは五年後、親鸞八十歳の時でした。かつて北条政子が使者として願い出てから三十四年後のことになります。

次に法然の門弟たちの活動に入ります。

# 2

# 法然の門弟とその門流の情勢
## ―親鸞入門五十年後の専修念仏者たち

### (1) 法然の門弟たち

親鸞は二十九歳で法然に入門し、専修念仏を学びました。それからちょうど五十年、建長三年（一二五一）には、その法然が亡くなってからでも三十九年経っていました。法然門弟の、いわゆる専修念仏者たちはどうなっていたでしょうか。

法然の門弟の中で大きな門流を形成したのは、正嘉《しょうか》元年（一二五七）に常陸の往信《おうしん》が著わした『私聚百因縁集《しじゅひゃくいんねんしゅう》』によれば、長楽房隆寛《ちょうらくぼうりゅうかん》・聖光房弁長《しょうこうぼうべんちょう》・成覚房幸《じょうかくぼうこう》西《さい》・善慧房証空《ぜんねぼうしょうくう》・覚明房長西《かくみょうぼうちょうさい》という五人です。この五人に、その門弟や信仰の特色（〜義）を加えた法系譜を示せば次のとおりです。この法系譜には嵯峨《さが》の念仏房《ねんぶつぼう》という人物も加えました。その門流は大きくはありませんでしたが、法然門下中の有力者ではありました。本項では六人それぞれについて見ていきます。

善導……法然

| | | |
|---|---|---|
| 長西 | 真阿 | 諸行本願義（九品寺義） |
| 念仏房 | | |
| 隆寛 | 大江季光・智慶 | 長楽寺義 |
| 弁長 | 良忠 | 鎮西義 |
| 幸西 | | 一念義 |
| 証空 | 浄音・証慧・円空・証入 | 小坂義（西山義） |

この六人の中で親鸞七十九歳の時の行跡が知られているのは覚明房長西です。そこで本項では長西から見ていきます。また嵯峨の念仏房は親鸞七十九歳の時に亡くなっていますので、長西の次には念仏房について見ることにします。

## ⑵ 長西、鎌倉に北条時頼と長時の援助で浄光明寺を建立

### ① 長西と諸行本願義（九品寺義）

長西は元暦《げんりゃく》元年（一一八四）に讃岐国《さぬきのくに》（香川県）で生まれました。父は伊予守《いよのかみ》藤《ふじ》原《わら》国明《のくにあき》という人物で、長西自身は讃岐国で育ちました。九歳で京に上り、十九歳で出家し、法然の門に入って専修念仏を学びました。

長西は、念仏以外の諸行も阿弥陀仏の本願であり、したがってその諸行でも極楽往生できると説きました。そこで彼の説は諸行本願義《しょぎょうほんがんぎ》と呼ばれました。念仏のみでの往生という法然の教義を守ろうとする他の門弟たちからは、かなりの非難を受けました。

しかし長西の教義は貴族からは親近感を持たれました。そしてかつて鳥羽上皇《とばじょうこう》が建立し、すでに衰えていた九品寺《くほんじ》を再興し（京都市伏見区中島）、この寺に住みました。そこで長西の教えは九品寺義とも呼ばれました。九品寺は室町時代に現在の京都市南区東九条に移転し、浄土宗の寺として今も続いています。

## ② 長西の門弟真阿、北条時頼と長時の援助で鎌倉に浄光明寺を建立

一方、長西の門弟である真阿《しんな》（道教《どうきょう》）は鎌倉に入って第五代執権北条時頼とその義兄北条長時《ほうじょうながとき》の信頼を得ました。鎌倉は狭いところなので、外来の人間が入ることを強く警戒します。その中で執権の信頼を得たのですから、真阿は高く評価されたことがわかります。長時は年下ながら、時頼の妻の兄でした。

真阿は時頼と長時の後援で鎌倉市扇ガ谷《おうぎがやつ》に浄光明寺《じょうこうみょうじ》を創建し、初代住持となりました。寺伝ではそれは建長三年であった、としています（『鎌倉市史　社寺編』吉川弘文館、一九五九年）。まさに親鸞七十九歳の年でした。こうして九品寺義すなわち諸行本願義は鎌倉を中心とした関東にも広がっていきました。

なお浄光明寺は浄土宗だけの寺院ではなく、華《け》厳《ごん》宗《しゅう》・律《りつ》

鎌倉幕府問注所跡の石碑。JR鎌倉駅西方徒歩数分の所にあります。神奈川県鎌倉市御成町

宗《しゅう》・真言宗という三宗を合わせた四宗兼学《ししゅうけんがく》の寺院として発展しました。現在では真《しん》言宗泉涌寺派《ごんしゅうせんにゅうじは》の寺院となっています。

長西は文永《ぶんえい》三年（一二六六）に八十三歳で亡くなりました。親鸞没後四年目のことでした。

## (3) 嵯峨の念仏房の活躍とその没

### ① 大原問答に立ち会った念仏房

親鸞より十六歳の年長で、長生きで活躍していた一人に嵯峨の念仏房がいます。彼は念阿弥陀仏《ねんあみだぶつ》というのが正式の法名だったようです。保元《ほうげん》の乱の翌年（一一五七）に生まれ、はじめは延暦寺の学僧として修行していたのですが、やがて法然の門に入りました。

文治《ぶんじ》二年（一一八六）の大原問答《おおはらもんどう》には念仏房も立ち会っています。この問答は、天台宗の学僧顕真《けんしん》が法然を大原の勝林院《しょうりんいん》に招き、その説く念仏による極楽浄土往生についての十二の質問をしたものです。この時には天台宗・真言宗・法相宗《ほっそうしゅう》・華厳宗などから、多数の僧が集まりました。顕真は四年後に天台座主《てんだいざす》に就任した権威のある人物でもありました。

この問答において、法然は末法の時代においてさまざまな修行による成仏（悟りを得ること）は遂げ難いけれども、念仏による極楽往生は得やすいと答えました。顕真その他の僧は納得して感動し、三日三晩、念仏の声が満ち満ちたといいます。

付言すれば、この大原問答によって専修念仏の教義に対する天台宗延暦寺側の批判・非難は終わったのです。その後問題になったことは、専修念仏者たちの社会を乱す行動でした。法然はそれについて『七箇条制誡《しちかじょうせいかい》』で延暦寺に詫びています。専修念仏の教義に関する学僧の批判と、専修念仏者の社会治安を乱す行動に対する朝廷の規制とを混同してしまい、延暦寺や朝廷は専修念仏を禁止した、などとしてしまうことは間違いです。

## ② 信心諍論と念仏房

また念仏房は学僧ですから、法然門下の教義に関わる討論にもよく参加していたよ

うです。親鸞は阿弥陀仏への信心について、法然も出席している会で次のように主張しました。『親鸞伝絵』に、

　聖人〔源空《げんくう》〕の御信心と、善信《ぜんしん》が信心といさゝかもかはるところあるべからず。
　たゞ一なり。

「法然聖人の御信心と私親鸞の信心とは、少しも異なっていることはありませんよ。まったく同じですよ」とあります。

するとー「聖信房《しょうしんぼう》・勢観房《せいかんぼう》・念仏房」（『親鸞伝絵』）たちは、「そんなはずはない」と言うのです。立派な師匠である法然聖人の信心と、まだ未熟な親鸞さんの信心とが同じはずはない、と強く主張したのです。この論争は、なかなか結論が出ず、長々と続いていったようです。

しかし親鸞は「学問的な内容で同じだというのなら大変問題ですけれども」、信心のことならば法然の信心も親鸞の信心も同じ、なぜなら、

聖人の御信心も他力よりたまはらせたまふ。善信が信心も他力なり。故にひとしくしてかはるところなしと申《もうす》也。

「法然聖人の御信心も阿弥陀仏からいただいたものです。私の信心も同じです。ですから等しく、異なるものではありませんと申したのです」と答えました。法然も「親鸞の考えが正しい」と判定してこの討論は終わりになりました。浄土真宗史上で有名な信心諍論《しんじんじょうろん》（信心に関する論争）です。

## ③ 清涼寺の復興と釈迦信仰

念仏房は主に嵯峨の往生院《おうじょういん》（現在の祇王寺《ぎおうじ》。京都市右京区嵯峨鳥井本小坂町《とりいもとこざかちょう》）に住みました。その東隣には釈迦信仰で名高い清涼寺《せいりょうじ》がありました。その清涼寺が承久三年（一二二一）に火災に遭った際に、念仏房は中心になって復興に尽くしています。『法然上人絵伝（四十八巻伝）』巻四十八に、次のように記されています（引用が長くなったので、読みやすいように、改行してある部分があります。以下の引用史料でも同じです）。

承久三年、嵯峨の清涼寺回禄《かいろく》の事侍《はべり》しを、このひじり知識をとなへて、程なく造営を丶へ、翌年二月廿三日、供養をとげられにき。（改行）かの西隣《にしどなり》の往生院もこのひじりの草創《そうそう》なり。居をこの所にしめられしかば、ちかき程にて毎日に清涼寺にまうでられけるが、（改行）建長三年十月晦日《みそか》、入堂して寺僧にあひて、けふばかりぞ、この御堂へもまいり侍らんずると申されけるを、なにともいと心えざりけるほどに、同十一月三日、殊勝の瑞相《ずいそう》ありて往生の素懐《そかい》をとげられにけり。生年《しょうねん》九十五なり。

「承久三年、嵯峨の清涼寺が火災で焼けてしまったことがあったのですが、この念仏房が『私が中心になって復興させます』と、あまり長い年月もかけずにお金を集めて復興させ、翌年二月二十三日に落成供養を行ないました。（改行）

清涼寺の西隣にある往生院もこの念仏房が建立したものです。念仏房はこの往生院

に住まわれましたのですぐ隣、近いので毎日清涼寺を訪れておられました。（改行）
ところが建長三年十月末日、清涼寺へ来て寺の僧侶に会い、『この清涼寺へお参りするのも今日限りです』」と言われました。それでどういうことなのだろうと寺僧は不審に思っていました。すると念仏房は翌月の十一月三日に、阿弥陀仏がお供の二十五人の菩薩とともに目の前に現れたようで、その中で極楽往生されました。享年九十五歳でした」。
つまり念仏房は、平素《へいそ》は釈迦如来をあつく信じつつ、念仏も称えるという信仰生活を送っていたということなのです。単純な専修念仏者ではなかったということがわかります。
なお清涼寺の復興は、当時院政を敷いていた後高倉院《ごたかくらいん》に命ぜられてのものでした。それは後高倉院が、念仏房がしきりに復興させたいと願っていることを伝え聞いたからなのでした（『菅芥集《かんかいしゅう》』）。後高倉院は、承久の乱で隠岐《おき》の島《しま》に流された後鳥羽上皇のあとを受けて院政を敷いていたのです。念仏房は朝廷のトップの人にも信頼されていた人物であったということができます。念仏房は、社会的にも大きな影響力を持っていたのです。そして建長三年に亡くなりました。

では、その他の法然の直弟《じきてい》とその門流《もんりゅう》を見ていきます。まず隆寛《りゅうかん》からです。

## (4) 隆寛とその門弟たち──長楽寺義の展開

### ① 隆寛と長楽寺義

隆寛は久安《きゅうあん》元年（一一四八）に京都で生まれて、安貞《あんてい》元年（一二二七）に亡くなっています。父は少納言藤原資隆《ふじわらのすけたか》です。幼いころに延暦寺に入って出家しました。天台座主になった慈円《じえん》の指導も受けています。法然に入門した年は未詳ですが、元久《げんきゅう》元年（一二〇四）三月には法然から『選択本願念仏集《せんじゃくほんがんねんぶつしゅう》』の閲覧《えつらん》・書写を許されています。ただこの年十一月の『七箇条制誡』には隆寛の名はありませ

隆寛坐像。神奈川県厚木市飯山・光福寺蔵

ん。

隆寛は、毎日数万遍の念仏を称えることにより、臨終にその功績が集大成されて極楽に往生できるとしました。彼は京都東山の長楽寺《ちょうらくじ》に住みましたので、その教えを長楽寺義と称しました。また隆寛の教えは多念義《たねんぎ》（念仏はたくさん称えるべきである）であったと言われることがありますが、必ずしもそうではありません。その著『一念《いちねん》多念分別事《たねんふんべつのこと》』に、『無量寿経《むりょうじゅきょう》』の阿弥陀仏の四十八願の文を引用して、次のように述べています。

本願の文に、「乃至十念《ないしじゅうねん》」とちかひたまへり。すでに「十念」とちかひたまへるにてしるべし。「一念にかぎらず」といふことを。いはむや「乃至」とちかひたまへり、称名の偏数さだまらずといふことを。（改行）この誓願はすなわち易往易行《いおういぎょう》のみちをあらはし、大慈大悲《だいじだいひ》のきわまりなきことをしめしたまふなり。

「阿弥陀仏はその本願を述べられた『無量寿経』で、衆生が極楽往生するためには『一回の念仏を称えれば』あるいは『十回に至る念仏を称えれば』と誓われました。すでに阿弥陀仏が誓われたことによっておわかりでしょう、『念仏は一回だけに限らない』ということを。まして『あるいは』と誓われました、念仏の回数は決まっていないということを。（改行）

この阿弥陀仏の誓願は、進みやすく、行ないやすい救いの道を表わしており、阿弥陀仏の限りなく大きい慈悲を示しておられます」。

隆寛の主張は「念仏を多数回称えなければいけない」という多念義ではなく、一念・多念にはこだわらないということでした。そのことを次のように述べて『一念多念分別事』を結んでいます。

浄土真宗のならひには、念仏往生とまふすなり。またく一念往生・多念往生とまふすことなし。

「浄土真宗のしきたりでは、『念仏で極楽往生する』というのです。まったく、『一回の念仏で極楽往生する』とか『たくさん念仏を称えて極楽往生する』などということはありません」。

## ② 長楽寺義の展開

隆寛は専修念仏者たちの長老として重きをなしていました。ところが嘉禄《かろく》三年（一二二七）、延暦寺の僧侶たちとの念仏の教義をめぐる争いで、激しい非難の言葉を投げつけ、それが直接のきっかけとなって嘉禄の法難が起こりました。それは次のような事件でした。

隆寛は、東国に住んでいた定照《じょうしょう》という僧が書いた『弾選択《だんせんじゃく》』という法然を非難する本を読んで大変怒りました。この本の名称自体、「法然の『選択本願念仏集』を糾《きゅう》弾《だん》する」という意味です。そして隆寛は『顕選択《けんせんじゃく》』という「『選択本願念仏集』のすばらしさを明らかにする」という反論書を書いて定照に送りつけたのです。その本文の中には、汝《なんじ》が僻破《へきは》のあたらざる事、たとえば暗天《あんてん》の飛礫《ひれき》のごとし。

「お前の下手な批判の当たらないことは、言ってみれば暗闇《くらやみ》で飛ばした礫《つぶて》のようなものだ」という激しい非難の言葉があったそうです（『四十八巻伝』巻四十二。『顕選択』そのものは、現在、失なわれてしまっています）。この時隆寛は八十歳、元気なものでした。

しかし隆寛の無作法で乱暴な対応を知った延暦寺側はかんかんに怒り、朝廷に訴え、専修念仏者の多くが朝廷によって処断されるに至りました。鎌倉時代、他人に対する悪口は犯罪でした。隆寛の反論の表現は朝廷によって悪口と判断されたのです。

隆寛その人も奥州に流されましたが、その途中、領送使《りょうそうし》（護送役《ごそうやく》）の大江《おおえの》（毛利）季光《すえみつ》が隆寛に帰依し、その領地である相模国飯山《いいやま》に滞在することになりました。

なお、このころ常陸国に住んでいた親鸞が「隆寛来たる」との話を聞いて飯山に会いに行った可能性もあるのではないか、と筆者（今井）は推定しています。後述するように、親鸞は隆寛の『一念多念分別事』に強い親しみを感じていました。

ただ高齢の隆寛は体が弱くなっていたようです。慣れない関東住まいということもあったでしょう。その冬に風邪をこじらせ、まもなく亡くなりました。墓所は神奈川県厚木市飯山・光福寺《こうふくじ》にあります。流罪先だった奥州には、付き添っていった門弟（息子であったともいいます）が行きました。

また、領送使だった大江季光は幕府の問注所執事《もんちゅうじょしつじ》（長官）であった大江広元の息子です。季光は宝治合戦（一二四七年）で三浦泰村に味方し、討ち死にしています。親鸞七十五歳の年でした。

隆寛の門弟は京都長楽寺に残り、影響力を持ち続けました。一方、門弟の一人の智《ち》慶《けい》は鎌倉で新たに長楽寺を建立したりするなど、大いに活躍しました。日蓮宗の日蓮《にちれん》もその活躍ぶりに注目しています。

次は鎮西義《ちんぜいぎ》の祖である弁長《べんちょう》と門弟たちです。

## ⑸ 弁長と鎮西義

弁長は応保《おうほう》二年（一一六二）に生まれて、嘉禎《かてい》四年（一二三八）に亡くなりました。

父は筑前国《ちくぜんのくに》香月《かつき》（福岡県北九州市香月）の古川則茂《ふるかわのりしげ》という武士でした。弁長はその地で七歳の時に早くも出家、十二歳で比叡山延暦寺に入って修行しました。七年後に故郷に帰りましたが、建久《けんきゅう》八年（一一九七）に所用で上洛した折、そのころ専修念仏で有名だった法然を訪ね、その日のうちに入門したといいます。三十六歳でした。

そののち、弁長は故郷の筑前国や筑後国《ちくごのくに》（福岡県）・肥後国《ひごのくに》（熊本県）など北九州で念仏を広めました。その中で筑後国山本（久留米市善導寺町）に善導寺《ぜんどうじ》を開き、肥後国白川（熊本市西区）に往生院を開いています。彼は法然の教えを正確に伝えようと努力しました。

このように九州で活躍した弁長の門流を鎮西義といいます。「鎮西」とは九州のことです。奈良時代からある呼び方ですが、主に平安時代末期から鎌倉時代にかけて使われました。この「鎮西」については、少年ながら九州を斬り従えて鎮西と名乗ったという鎮西八郎為朝《ちんぜいはちろうためとも》が有名です。為朝は源頼朝の叔父です。

弁長には良忠《りょうちゅう》をはじめとする多くの門弟がおり、四国・中国地方にも教線を広げていきました。良忠はさらに東国に向かい、建長元年（一二四九）には信濃国《しなののくに》（長野県）善光寺から下総国《しもふさのくに》（千葉県・茨城県）に入りました。親鸞七十七歳の時です。そして十年後には鎌倉に入って北条氏の保護を得ています。

現在の「浄土宗」は鎮西義の系統を引いており、開祖は法然、第二祖は弁長、第三祖は良忠とされています。

## ⑹ 幸西と一念義

幸西《こうさい》は長寛《ちょうかん》元年（一一六三）に生まれて、宝治元年（一二四七）に亡くなっています。亡くなったのは、親鸞が七十五歳、従弟の尊蓮《そんれん》に『教行信証《きょうぎょうしんしょう》』の書写を許した年です。幸西は延暦寺で修行していましたが、建久九年（一一九八）に法然の門に入って専修念仏を学ぶようになりました。三十六歳でした。

幸西の名は『七箇条制誡』に出てきます。また建永《けんえい》元年（一二〇六）、興福寺が法然たちを後鳥羽上皇に訴えた時にも幸西の名が挙げられています。法然が土佐国《とさのくに》（高知県）に流された建永の法難では、幸西も阿波国《あわのくに》（徳島県）に、法然没後の法難である嘉禄の法難では壱岐国《いきのくに》（長崎県）に流すとされました。しかし、いずれも流刑地《るけいち》に行くことは免れたようです。このように、幸西は法然の門下として長年にわたって活発な活動をしていました。

幸西は、一回念仏を称えれば極楽往生でき、多念は必要ないとする一念義《いちねんぎ》を説きました。念仏でなくても、一回信心の気持ちを起こしただけでも極楽往生できると説いています。ただその主張があまりに強かったので、法然からたびたび注意されていました。

幸西とその門下の人々は、次のように説いたと弁長はその著『念仏名義集《ねんぶつみょうぎしゅう》』の中で述べています。

数返《すへん》を申すは一念を信ぜざる也。罪を怖るるは本願を疑う也。

「念仏を何度も称えよとするのは、一回の念仏を信じていないからです。また罪を犯すことを恐れるのは、阿弥陀仏の本願を疑っているからです」。

幸西は晩年には関東に向かい、下総国栗原（千葉県船橋市）その他で念仏の布教をしています。関東にも一念義が広まったということになります。

## (7) 証空と小坂義（西山義）

証空《しょうくう》は治承《じしょう》元年（一一七七）に生まれ、宝治元年に亡くなっています。父は村上天《むらかみてん》皇《のう》の子孫の村上源氏で、加賀権守《かがごんのかみ》 源《みなもとの》 親季《ちかすえ》という身分の低い貴族でした。ところが証空は一度学んだことはすべて覚えてしまったという秀才だったのです。それを高く評価した同じ村上源氏の内大臣久我《こが》（土御門《つちみかど》）通親《みちちか》は、証空を養子としています。証空九歳の時でした。意外なことに、曹洞宗の道元《どうげん》は通親の実子で、血は繋《つな》がってはいませんが証空の弟に当たります。

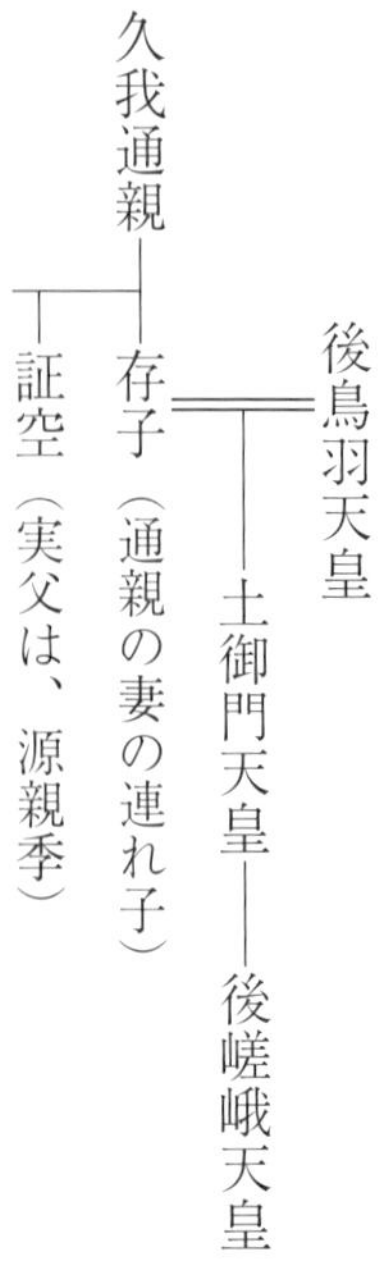

「道元（日本曹洞宗の開祖）」

しかし証空は十四歳の元服に当たり、養父通親の期待と恩は感じながら、決心して出家して法然の門に入って善慧房《ぜんねぼう》証空と称しました。以後法然が往生するまでの二十一年間、専修念仏を学んでいます。法然の没後は、天台座主の慈円から譲られた西山《にしやま》往生院（現在の京都市西京区大原野石作町《おおはらのいしづくりちょう》・三鈷寺《さんこじ》）に住んで、布教活動とともに執筆活動にも多くの時間を割きました。

証空の著作には、『観経疏観門義《かんぎょうしょかんもんぎ》』『観念法門観門義《かんねんほうもんかんもんぎ》』『般舟讃観門義《はんじゅさんかんもんぎ》』『往生礼讃《おうじょうらいさん》観門義《かんもんぎ》』『観経疏大意《かんぎょうしょたいい》』、あるいは『女院御書《にょいんごしょ》』『白木念仏法語《しらきねんぶつほうご》』『観経疏他筆鈔《かんぎょうしょたひつしょう》』『定散料簡義《じょうさんりょうけんぎ》』『述誡《じゅつじょう》』その他多数があります。それらには、『観経疏《かんぎょうしょ》』（『観無量《かんむりょう》寿経《じゅきょう》』の解説書）など、中国の善導《ぜんどう》の著書の研究が目立ちます。

証空は法然の「念仏による極楽往生」という思想を基礎としつつも、法然が特に影響を受けた善導の思想に立ち返って法然の思想を考え直す、という立場をとりました。そして『観経疏観門義』に、一切三世《いっさいさんぜ》の善根《ぜんごん》、皆、悉《ことごと》く会《え》して弥陀の功徳《くどく》に納まり、通して浄土の業因《ごういん》と成る。

「諸経典に示されている悟り・往生のための行ないは、すべて理論的に展開させて阿弥陀仏の恵みの中に入れることができ、さらに理論的に解釈を進めて極楽に往生する」とあります。

証空は、専修念仏に天台宗の諸行往生《しょぎょうおうじょう》思想を取り入れ、体系づけていったのです。そのため、従来からの仏教理論を知っている貴族たちは、多数、証空の思想に惹《ひ》かれていきました。彼らは専修念仏に魅力を感じつつも、「天台宗を去らなくてはならないのか」という不安を持っていました。しかしはっきりと、「去らなくてもよい」と説く証空に安心感を抱いたのです。証空が内大臣土御門通親の息子（養子）、義理の関係とはいえ土御門天皇《つちみかどてんのう》は甥《おい》、後嵯峨天皇はその息子ということも安心感を増す材料となったことでしょう。

親鸞が六十歳で京都に戻った時、証空は貴族たちの間で大きな人気を博していました。証空の孫弟子に当たる行観《ぎょうかん》は、その著『選択本願念仏集秘鈔《せんじゃくほんがんねんぶつしゅうひしょう》』に、次のように述べています。文中、「山法師《やまほうし》」とあるのは比叡山延暦寺の僧のことです。「山《やま》」といえば、京都付近では比叡山のことでした。

山法師事の略頌《りゃくじゅ》にも、法然房は諸行《しょぎょう》の頸《くび》を切る、弟子の善慧房は諸行を生け取りにすると申しけるなり。

「比叡山の僧侶たちは、『法然さんは天台宗の諸々の修行を否定したから、それらの首を切って殺したようなものだ。でも、その門弟の証空さんは殺さず、極楽往生のために働けるとして仲間に引き入れた』と冗談めかして書いています」。

貴族たちは、今まで懸命に学んでいた天台宗の学問が念仏の下に統一され、楽に学べてうれしかったでしょう。

証空は、はじめ東山小坂《こさか》（京都市東山《ひがしやま》区月輪町《くつきのわちょう》）に住んでいたので、その教義は小坂義と呼ばれました。また証空は、法然が亡くなったのちに天台座主慈円の譲りを受けて京都西山の善峰寺《よしみねでら》往生院（京都市西京区大原野小塩町《おおはらのおしおちょう》）に住んだので、西山義《せいざんぎ》と呼ばれるようにもなりました。ただし、証空の門流を西山義と呼ぶことでほぼ固定したのは、南北朝時代になってからです。

証空には非常に多くの弟子がいました。特に浄音《じょうおん》（西谷流）・証慧《しょうえ》（嵯峨流）・円空《えんくう》（深草流《ふかくさりゅう》）・証入《しょうにゅう》（東山流《ひがしやまりゅう》）は有名です。また証空の門流は、現在、西山浄土宗《せいざんじょうどしゅう》・浄土宗西山禅林寺派《じょうどしゅうせいざんぜんりんじは》・浄土宗西山深草派《じょうどしゅうせいざんふかくさは》という三派を構成しています。その三派を総称して浄土宗西山派と呼んでいます。

なお、のちにおどり（躍り）念仏で名を知られた時宗《じしゅう》の開祖一遍《いっぺん》は、証空の孫弟子に当たります。親鸞七十九歳の時、一遍は十三歳、北九州で西山義を学び始めていました。

さて、親鸞はこのような専修念仏者の展開の中で、七十八歳の時に『唯信鈔文意《ゆいしんしょうもんい》』を書きました。七十九歳の親鸞自身の活動を見る前に、『唯信鈔文意』、さらにはそのもとになった『唯信鈔』を見ておきます。

# 3　親鸞、『唯信鈔文意』を著わす

## (1)『唯信鈔』と『唯信鈔文意』

『唯信鈔』の著者聖覚《せいかく》は、親鸞と同じく法然の門下で、六歳年上の法兄《ほうけい》です（聖覚については、本シリーズ❶『六十三歳の親鸞――沈黙から活動の再開へ――』で詳しく述べました）。『唯信鈔』は、法然が主張する念仏による極楽往生には、信が必要であると説いたものです。

親鸞は関東、聖覚は京都と住むところが別れていても、承久三年（一二二一）に聖覚が『唯信鈔』を執筆すると、親鸞はこれをとても尊重しました。念仏には「信」が必要であるとわかりやすく説いているとして、自分の門弟たちに読ませたのです。

聖覚の執筆後二十九年目の建長二年（一二五〇）、今度は親鸞が『唯信鈔文意』を執筆しました。「文意（文の意味するところ）」という、文字どおり『唯信鈔』の解説書というべき書物です。しかし『唯信鈔』成立後二十九年も経ったこの年に解説書が書かれたことには、それなりの意味があるということでしょう。またその解説の中身にも注目しなければならないでしょう。いかなる観点で解説が書かれているのか、ということです。

そこで本項ではまず『唯信鈔』と『唯信鈔文意』それぞれの特色について見ていきます。まず『唯信鈔』からです。

## (2)『唯信鈔』とその特色

### ① 聖覚『唯信鈔』執筆の時代と環境

聖覚が『唯信鈔』を書き上げたのは、承久三年八月でした。その三ヶ月前の五月、後鳥羽上皇は北条義時《ほうじょうよしとき》追討の院宣《いんぜん》を発しました。しかし上皇の予測に反し、翌月には大挙して京都に攻め込んできた幕府軍に敗れました。そして七月、幕府は上皇を隠岐の島に流しました。『唯信鈔』完成はその翌月でした。

ここに至る数年、世の中ではいろいろな仏教書が書かれていました。建保《けんぽう》四年（一二一六）二月には隆寛が『具三心義《ぐさんじんぎ》』を、同六年には幸西が『玄義分鈔《げんぎぶんしょう》』を、承久二年（一二二〇）には隆寛が『極楽浄土宗義《ごくらくじょうどしゅうぎ》』を、また高山寺《こうざんじ》の明恵《みょうえ》が『仏光観略次第《ぶっこうかんりゃくしだい》』『入解脱門義《にゅうげだつもんぎ》』を書いています。さらに慈円が仏教観に基づいた歴史書である『愚管抄《ぐかんしょう》』を著わしたのもこの年でした。明恵は翌年にも『華厳信種義《けごんしんしゅぎ》』・『秘宝蔵《ひほうぞう》』を書いています。

聖覚は父澄憲《ちょうけん》とともに唱導《しょうどう》の名人とされており、後白河法皇《ごしらかわほうおう》や後鳥羽上皇、関白の九条兼実《くじょうかねざね》をはじめとする貴族の厚い支持を受けていました。「唱導」というのは、法事の折のお説教のことです。澄憲や聖覚がお説教をすると、聴衆は感動して涙を流したそうです。二人は京都の安居院《あぐい》に住んでいましたので、澄憲は安居院流唱導の初代、聖覚は第二代としてもてはやされました。二人は貴族だけでなく、身分の上下の人々に大きな人気がありました。当然、二人の社会と人々についての関心は高かったでしょう。いかにすれば人々に自分が説く唱導に感動してもらえるか。高い人気を維持し続けることができるか。

『唯信鈔』は、東国を中心とする武士たちがどっと京都に入ってきた中で書かれた書物です。聖覚は専修念仏をわかりやすく理解してもらうために、貴族の生活感覚、さらには新興勢力の武士の生活感覚を合わせて執筆した気配です。それは、本書を理論的な面から書き進めているのではなく、わかりやすい例をいくつも挙げて読者に理解してもらおうとしていることなどから推測されます。

## ②『唯信鈔』が説く念仏往生

聖覚は、仏道には聖道門《しょうどうもん》と浄土門《じょうどもん》とがあると説きます。聖道門とは従来の天台宗・真言宗等のことで、浄土門とは、

今生《こんじょう》の行業《ぎょうごう》を廻向《えこう》して、順次生《じゅんじしょう》に浄土に生まれて、浄土にして菩薩の行を具足《ぐそく》して、仏にならむと願ずるなり。

「現世での行ないの効果を振り向けて、次の世で極楽浄土に生まれ、その浄土で菩薩

が行なうべき修行をすべて行ない、仏になろうと願う集団」で、

この門は末代《まつだい》の機にかなへり。

「この集団は末法の世の人間に適《かな》った教えを信奉しています」と、法然以来の基本的な専修念仏の教えを述べます。

続いて諸行往生と念仏往生があること、またその上で難行道《なんぎょうどう》と易行道《いぎょうどう》があることなどと、二つずつ概念を対比させて説明したりします。わかりやすいです。そして善導の偈《げ》を三首ほど引用して説得力を持たせます。たとえば次の偈です。

極楽は無為《むい》の涅槃界《ねはんがい》にて、随縁《ずいえん》の雑善《ぞうぜん》は恐らくは生じ難し。
故に如来の要法を選ばしめ、教えて弥陀を念ずること専《もは》ら復《ま》た専ら。

「極楽は悟りの、幸せな世界ですので、その時々の自力の善では多分その世界に往生

することはできないでしょう。
そこで阿弥陀如来の重要な教えを選び取らせて、如来の名をひたすら称えるようにさせましょう」。

## ③ 信心の重要性

聖覚はこの偈を読者、特に武士たちに納得させるために、驚くべき身近な例え話で説明するのです。ある箇所には「たとへば」として次のような内容が書かれています。

「たとえば、主君に仕える時には、主君に近づき、その主君だけを頼りにしてひたすら忠義を尽くすべきです。それなのに、ほんとうの主君と親しくしていながら、あわせてあまり立派でもない人に近づき、親しい様子を見せる。そして本来の主君に会うと、いい顔をする。これは非常によくないことです。本心から主君を信頼しなければよい結果は生まれません」。

聖覚は「信心が大切だ」と言っているのです。また『唯信鈔』に、善導の言葉を引

用して、

信心といふは、ふかく人のことばをたのみてうたがはざるなり。

「信心というのは、人の言葉を心から頼りにして疑わないことをいいます」とあります。そしてさらに「たとへば」と、よりわかりやすく説明を加えています。

また念仏の回数についても、「一回でよいとか、何度も称える必要があるとか、異なる説があるけれども」、

一念決定《いちねんけつじょう》しぬと信じて、しかも一生おこたりなくまふすべきなり。これ、正義《しょうぎ》とすべし。

「一回念仏を称えれば極楽往生が決まると信じて、しかもなおかつ、一生の間怠けることなく念仏を称えましょう。これを正しい考え方としてください」と、「信」につ

いての主張をまとめています。

聖覚は、念仏と信に関わる重要さを説く方法として、世俗世界での言い方を例に取ったり、「たとへば」と言ってみたり、「世の中ではこのように言われている」などの話の展開方法を使っています。読む人には非常に身近で親しみやすい解説書となっているのです。

## (3) 親鸞、『唯信鈔文意』を著わす

### ①『唯信鈔文意』執筆の時代と環境

親鸞は念仏によって極楽往生できること、さらには念仏に対して信心が必要なことを説明する時には『唯信鈔』を頼りにし、書写して門弟たちに送りました。現存している親鸞書写本には、七十八歳までには、五十八歳(二冊)・六十三歳・六十九歳(三冊)・七十歳・七十四歳の時の書写本があります(教学研究所編『親鸞聖人行実』真宗大谷派宗務所出版部、二〇〇六年)。

建長二年(一二五〇)十月十六日、親鸞は『唯信鈔文意《ゆいしんしょうもんい》』を書き上げました。聖

覚が執筆した時から三十年ほど経っていました。人間の一世代は世界中どこでも約三十年です。それだけ経つと新しい世代と交代する形になります。人々の生活感覚も異なった部分もあるでしょう。政権が貴族から武士に変わった驚きも、もうほとんど失せてしまっています。社会の常識や生活感覚も変わってきた可能性があります。この中で専修念仏をいかに説くかが親鸞の課題の一つでした。『唯信鈔』の内容がわかりにくくなっている可能性、あるいは誤解されてしまう可能性もあります。

## ②『唯信鈔文意』の内容

親鸞は『唯信鈔文意』において、社会の風潮や常識といった生活感覚からの例をほとんど挙げていません。ひたすら、『唯信鈔』の解説の形をとりつつ、直接、繰り返し繰り返し専修念仏の妥当性・正当性を説いているのです。『唯信鈔』の理解を三十年後の社会に合わせて考えるというより、三十年後に少しずれてしまった理解をもとに戻すように努力しているように見えます。それは『唯信鈔』の最初の部分には次のように書かれているのを見ても明らかです。

唯信抄といふは、唯はたゞこのことひとつといふ、ふたつならぶことをきらふことばなり。また唯はひとりといふこゝろなり。信はうたがひなきこゝろなり。すなわちこれ真実の信心なり。（中略。改行）
本願他力をたのみて自力をはなれたる、これを唯信といふ。鈔はすぐれたることをぬきいだしあつむることなり。このゆへに唯信鈔といふなり。

「『唯信鈔』という書名について説明しましょう。『唯』は、『ただこのこと一つだけ』という意味です。『異なる内容の意味が二つある』ということではないのです。また『唯』は『一人』ということが基礎にあります。つまり『唯信』とは、『ほんとうの信心』のことです。（中略、改行）
阿弥陀仏の救いの力のみに頼って、自分自身の力に頼ろうとしない、これを『唯信』といいます。『鈔』とは、たくさんある項目の中から適当に少しだけ集めるのではなく、重要な内容を選び出して集めることなのです。そこで『ただ信一つだけが重要』ということを書いてある本なので『唯信鈔』と名づけているのです」。

以下、『唯信鈔文意』の本文は、『唯信鈔』の文章に添い、教理的な単語・文章の解説に終始しています。特に「たとえば」とか、「世の中ではこのように言われている」として俗人にもわかりやすく説くという方法はほとんど使っていません。親鸞七十八歳の時には、信心に関わる考え方を明確に示す必要があると感じてこのような方法をとったのでしょう。

そして親鸞はこの『唯信鈔文意』を次の文で結んでいます。この本を書いた目的です。

ゐなかのひとびと文字《もんじ》のこゝろもしらず、あさましき愚痴《ぐち》きわまりなきゆへに、やすくこゝろえさせむとて、おなじことをたびたびとりかへしかきつけたり。こゝろあらむひとはおかしくもおもふべし。しかれどもおほかたのそしりをかへりみず、ひとすぢにおろかなるものをこゝろえやすからむとてしるせるなり。

「私の故郷のような東国の人たちは、文字の意味するところもわからず、卑しく、仏教のこともまったく理解していません。彼らに簡単に理解してもらおうと思い、同じ内容のことを何度も書きました。内容がよくわかっている人からは冷笑されることもあるでしょう。多くの人たちから悪口を言われるでしょうけれど、でもそれは気にせず、目的はただ一つ、まったく知らない者に理解しやすいようにと、書いたのです」。

親鸞は、阿弥陀仏にお救いいただくためには、ただ一つ信心だけが必要ですと強調したかったのです。『唯信鈔』が正しく理解されていないこともある、と危機感を感じ始めていたのでしょう。特に関東の人々の中においてです。

常陸国府の跡の碑。茨城県石岡市総社

法然の吉水草庵で専修念仏を学んでから五十年近く、東国でその信心と報謝の念仏布教に大きな成果を上げて京都へ帰ってからも、二十年近く経っています。その時点で信心を強調する『唯信鈔文意』を書かなければならないのは、やはり東国で信心が揺れる状況があったからでしょう。それは関東では法然の門弟たちのさまざまな念仏観が広まりつつあったのも一因でしょう。

## ③ 鎌倉時代中期の猟師・商人観

『唯信鈔文意』の中には、善導の化身《けしん》と言われ、「後善導《ごぜんどう》」とも呼ばれた中国・唐の法照《ほっしょう》の偈文《げもん》が引用してあります。その全八句で構成されている第七句と第八句に、次の文があります。

　　但《た》だ廻心《えしんせ》使しめて多念仏せば、能《よ》く瓦礫《がれき》をして変えて金《こがね》と成さしめん。

「ただ自力の心を捨てれば、金剛の信心が起きて他力の念仏を称えることができ、割れた瓦や石の礫のような価値のない物を変えてすばらしい金に変えることができるのです」。

この偈頌について親鸞は「屠沽《とこ》の下類《げるい》」という言葉を使って、次のように説明しています。まず、「『屠』というのはすべての生き物を殺す者です。これは猟師のことです。『沽』というのはすべての物を売り買いする者です。これは商人のことです。これらは『下類』といってそのままでは救われません。阿弥陀仏の救いの誓いを心から信じれば救われます」と述べ、

れうし（猟師）・あきひと（商人）さまざまの（者）は、みな（皆）いし（石）・かわら（瓦）・つぶて（礫）のごとくなるわれら（我等）なり。

「猟師・商人の各種の人たちは、すべて、石・瓦・小石のようなつまらない私みたいなものです。自力で極楽往生はできません」。

この文に示されている「われら」とは、「私たち」という複数の意味ではなく、「私」という単数を強調した言い方です。当時の日本語の「われら」の「ら」にはそのような役割があることを本シリーズの前冊『七十六歳の親鸞——『浄土和讃』と『高僧和讃』——』で強調しました。「猟師・商人および私、すべてが石・瓦・礫です」と

主張しているのではありません。あくまでも猟師・商人と私とは別々で、「いし・かわら・つぶて」は親鸞だけです。そして自力往生できないことでは同じです、と説いているのです。

この文章では猟師・商人を貶《おとし》めているように見えます。実はそれは親鸞だけの問題ではなく、親鸞が七十九歳として生きた鎌倉時代中期の知識層の人間観です。つまり貴族あるいは一部の上流武士の人間観で、これはこの人たちが学んだ中国由来の儒学に基づきます。まして親鸞の出身である日野家は、大学寮《だいがくりょう》で儒学を教える教授である文章博士《もんじょうはかせ》になることを目指す家柄でした。大学寮とは貴族の若者を教育する機関です。親鸞の伯父で養父の日野範綱《ひののりつな》は後白河法皇の信頼厚い近臣となり、従三位《じゅさんみ》まで昇進しています。またもう一人の伯父の日野宗業《ひののむねなり》は後鳥羽上皇の信頼厚く、こちらも従三位・文章博士まで出世しているのです。

そして儒学では支配者層である貴族をもっとも上位の階層であるとします。彼らは国を支配・管理する存在で、それは尊い存在であると考えるのです。武士はそれに準じます。貴族の次には、貴族の生活を成り立たせる年貢を作る農民を位置づけます。

農民が作った生産物を売り買いする商人は、「右にある物を左に移すだけで利益を得ている。生産しているのではない。けしからん」という考え方で農民より低く位置づけられているのです。

農業でなくても、生活の必要な品々を作り出す工業に従事する人は農民の下・商人の上に位置づけられます。これらを典型的に示したのが江戸時代の士農工商です。

猟師は生き物を殺すことによって生活を成り立たせています。その生き物の肉や皮は人々の生活に役立っています。しかし生き物を殺すことは仏教上の戒律でもっとも悪とされていることです。それで仏教に詳しい知識人からは商人より悪い存在とされたのです。

親鸞は儒学を家の仕事すなわち家学とする日野家の出身であり、延暦寺で二十年間修行した僧侶ですから、猟師・商人をもっとも低い階層の人間と見る感覚を持っていたのでしょう。

ただし、生き物（「四つ足」と表現されることもあります）を殺してはいけない、食べてはいけないという思想が一般に広まるのは江戸時代になってからです。鎌倉時代ではまだまだです。それに食料として食べられる物であれば、野菜であっても魚であっても、四つ足であっても食べたのが鎌倉時代です。食料が現代日本のように豊富に、多種多様にある時代ではありません。親鸞自身も、「自分のために殺したのでなければ、動物でも食べる」と言っているのです。

鎌倉時代は食料が潤沢にある時代ではないのですから、仏教教理的なきれいごとは言ってはいられません。

さて、では次に具体的に東国の門弟たちがどうなっていたかを見ていきます。まず、もと山伏《やまぶし》（修験者《しゅげんじゃ》）であって親鸞の門弟となっていた弁円《べんねん》（明法房《みょうほうぼう》）です。彼は親鸞七十九歳の時に亡くなっていますので、そこに至る親鸞と弁円との関係について見ていきます。

# 4　山伏弁円（明法房）の没

## (1) 山伏弁円の生活

親鸞が常陸国の稲田草庵に住んで積極的な念仏布教を行なっていた時、強く抵抗する人たちもいたでしょう。その中で代表的な、かつ史料で確認できる唯一ともいうべき人物が山伏弁円です。親鸞の布教活動に憤慨したあまり、親鸞を殺そうとして板敷《いたじき》山《さん》（茨城県石岡市大増《いしおかしおおます》）で待ち伏せしたという人物です。

山伏とは険しい山の中を歩き、滝に打たれ、断食《だんじき》し、野宿して虫に食われるなどの苦行で山の霊気を身につけ、呪的能力を高めようとした人たちです。山臥《やまぶし》または修験者ともいいます。その目的は、村人の願いに応え、治病・安産・畑の虫追いなどに祈祷で力を尽くすことでした。ですから修行が成ったと判断した山伏は、どんどん里に出て人々の生活を助けたのです（和歌森太郎『修験道史研究』河出書房、一九四三年）。山伏は基本的に善意の人たちであり、頭から悪い人間と決めつけるのは間違いです。

弁円は、現在の茨城県常陸《ひたち》大宮《おおみや》市《し》東野《とうの》の楢原《ならはら》に本拠を置く、山伏でした。その本拠地は遺跡として残されています。また近くには弁円を開基とする法専寺《ほうせんじ》があります（真宗大谷派）。さらに立派な墓所も造られています。板敷山は楢原から山伝いに南下して（途中、那珂川《なかがわ》という大河を渡らなければなりませんが）三、四十キロの距離にあります。山を自由に歩き回る山伏からみれば一日で楽に歩ける距離で、板敷山はいわば弁円の勢力圏だったのです。

板敷山の東側すぐ近くに、弁円との由緒を語る大覚寺《だいかくじ》（浄土真宗本願寺派）があります。この寺の伝えによれば、弁円は門弟四十人を擁する山伏の指導者だったそうです。親鸞の稲田草庵は、板敷山から北へ八キロばかりの稲田山《いなださん》の麓にありました。弁円にとって、外から自分の勢力圏の中にやってきて、何やらしきりにおかしな、しかし活発な布教活動をしている親鸞は気になる存在だったのでしょう。むろん、弁円たち山伏は祈祷活動によって彼ら自身の生活を成り立たせているという面もあります。

世話をした人たちからお礼をもらうのです。親鸞にそのお礼を取られてはかないません。

## ⑵ 弁円、板敷山で親鸞を待ち伏せる

『親鸞伝絵』に、弁円と親鸞との出会いが次のように記されています。

聖人常陸国にして専修念仏の義をひろめ給ふに、おほよす疑謗《ぎほう》の輩《ともがら》はすくなく、信順の族《やから》はおほし。しかるに一人の僧〔山伏云々〕ありて、動《ややもすれ》ば仏法に怨をなしつゝ、結句害心《けっくがいしん》を挿《さしはさん》で、聖人を時々うかゞひたてまつる。〔改行〕聖人板敷山といふ深山《しんざん》を恒《つね》に往反《おうはん》し給けるに、彼山《かのやま》にして度々《どど》相待《あいまつ》といへども、さらに其節《そのせち》をとげず。

「親鸞聖人が常陸国において専修念仏の教えを広められますと、だいたい、疑い謗《そし》る者はあまりおらず、信じて順《したが》う人は多かったのです。ところが、ある一人の僧〔山伏

だそうです」がいました。彼は何かにつけて専修念仏を敵視し、ついには聖人を殺害しようと、時々その機会を狙っていました。（改行）

親鸞聖人は板敷山という深い山をいつも往復しておられましたので、弁円はその山でたびたび待ち伏せしましたが、まったく聖人に出会うことはできませんでした」。

板敷山は石岡市大増と茨城県桜川市《さくらがわし》今泉《いまいずみ》との境にある山です。海抜三〇三・九メートルです。『親鸞伝絵』には「深山」と書かれていますが、現在登ってみますと、まったく深くもなければ険しい山でもありません。そしてなんと、どの地図にも「板敷山」という名称は記されておりません。地元では山として意識されてこなかったのですね。浄土真宗だけに有名で伝えられてきた「山」でした。

実際のところ、この板敷山は、東隣にある吾国山《わがくにさん》という海抜五一八メートルの富士山型のなだらかな美しい麓を持つ高い山の、その麓の一角の丘、といった趣です。

吾国山の北側五キロには稲田草庵があります。稲田草庵は北に稲田山を背負った、その南の麓にあるのです。この山は、常陸国の名神大社《みょうじんたいしゃ》の一つである稲田神社の境内です。当時、全国の名のある神社は朝廷によって四段階に分けて把握されていまし

板敷山（写真左）と吾国山（写真右から中央）。茨城県石岡市と笠間市との境

た。それぞれの地方でもっとも格が高く、荘園も多く、それを守る僧兵たちも多いという神社は「名神大社」と名づけた最高位の位置に置きました。以下、大社・中社と続き、最下位は小社と呼ばれる位置でした。

名神大社は、各国で二〜三神社しかありませんが、常陸国だけには断トツで七つの神社がありました。稲田神社はその内の一つでした。このあたり一帯は鎌倉幕府の有力者宇都宮《うつのみや》氏《し》の支配下ですし、親鸞の稲田草庵はその稲田神社の境内にあったのです。そしてそこに二十年近く住んでいたのです。親鸞は、妻と五人の子どもたちともども、稲田神社の人々と友好的な関係にあったとしか思えません。第二次大戦後に声高に叫ばれた「親鸞の神祇不拝《じんぎふはい》」という見方は改められなければなりません。

稲田山の中腹に登ると、南に空を圧して吾国山が聳《そび》えているのが見えます。その向こうに常陸国府《ひたちこくふ》があります。さらにその向こうには霞ケ浦《かすみがうら》を隔てて鹿島神宮《かしまじんぐう》があります。親鸞が稲田草庵から国府等の南方へ行くには、吾国山は高く越えられないので、右方向（西方向）へ大回りし、低い板敷山を経て進んだのです。

当時、幹線道路は山道や尾根を通っていることが多かったのです。平野ですと、大雨・大水が溢れて道がわからなくなったり、また沼地に行きあたることも多かったからです。山道なら

稲田山。稲田草庵はこのあたりにありました。笠間市稲田

ばそのような被害は受けにくかったのです。板敷山は低く、楽な山ですから稲田方面から南方へ行く時、通るべき普通の道だったのです。

ですから、親鸞が稲田草庵を出て南方へ行くという情報を得た山伏弁円および配下の山伏たちは、『親鸞伝絵』にあるように、板敷山に潜んで待ち伏せをしたのです。しかし弁円たちは何度待ち伏せしても親鸞に出会えなかったというのです。

現在、板敷山の山道が辛うじて残っていて、弁円記念の石碑が立てられています。その表面に、

山はやま　道もむかしに　かわらねど
かわりはてたる　我《わが》こゝろかな

山伏弁円の碑。石岡市大増

「周りの山の姿は以前と同じだし、この道もまったく変わっていません。でも私の心はすっかり変わってしまいました」という、弁円が詠んだという和歌が彫り込まれています。親鸞の門下になってからの心境を詠んだとされている和歌です。なんとなくうれしそうでない雰囲気が伝わってきます、ほんとうはうれしいはずですが……。実は後世の人が弁円が詠んだとして作った和歌でしょう。

## (3) 弁円、稲田草庵で親鸞に入門

さて続いて『親鸞伝絵』には次のように記されています。弁円が親鸞に会い、入門した様子です。

倩《つらつら》ことの参差《しんし》を案ずるに、頗《すこぶる》奇特《きどく》のおもひあり。仍《よって》、聖人に謁《えっ》せむとおもふ心つきて禅室に行《いき》て尋申《たずねもうす》に、聖人左右《そう》なく出会《いであい》たまひにけり。（改行）

すなわち尊顔にむかひたてまつるに、害心忽《たちまち》に消滅して、剰《あまりさえ》後悔《こうかい》の涙禁じがたし。や、しばらくありて、有《あり》のまゝに日来《ひごろ》の宿鬱《しゅくうつ》を述すといへども、聖人又

おどろける色なし。（改行）
たちどころに弓箭《きゅうせん》をきり刀杖《とうじょう》をすて、頭巾《ずきん》をとり、柿衣《かきのころも》をあらためて、仏法に帰しつつ終《つい》に素懐《そかい》をとげき。不思議なりし事也。すなわち明法房是《みょうほうぼうこれ》也。聖人これをつけ給《たまい》き。

「弁円は、この『どういうわけか会えない』という状況をよくよく考えてみると、何か自分にとてもすばらしいことがあるのではないかと思えてきたのです。そこで『親鸞聖人にお目にかかってみよう』と思いつき、稲田草庵に行って訪ねてみますと、聖人は弁円が危険な人物であるとの噂を聞いていたでしょうに、まったくわだかまりなく出てきてくださいました。（改行）
弁円は、聖人のお顔に向かわせていただくと、聖人を殺そうという気持ちはすぐさま消え失せ、その上、『聖人を殺害しようとしていたこと』を後悔して涙が流れてきました。少し経ってから、弁円は正直に最近いろいろと聖人について思っていたことをお話ししました。でも聖人の方は驚かれる様子もありませんでした。（改行）

感動した弁円は、すぐさま持っていた弓の弦《つる》を切り、刀や杖（武器です）を捨て、被っていた頭巾を取り、柿の渋で染めた衣を着替えて（これらはすべて山伏の装束です）、専修念仏の行者になり、やがて願っていた極楽往生をしました。思いもかけなかった状況の展開です。この弁円が明法房です。この名は親鸞聖人がおつけになりました」。

弁円が亡くなったのは親鸞より先でした。それは親鸞七十九歳の時のことでした。弁円の没年齢は不明です。

翌年の建長四年（一二五二）に親鸞がある人物（名前は不明）に送った手紙の中に、親鸞に帰依する前の弁円のことが書かれています。それは次のような内容です（『親鸞聖人御消息集・広本』第三通、『末灯鈔』第十九通。京都府真宗大谷派永福寺蔵）。

明法坊なんどの往生しておはしますも、もとは不可思議のひがごとをおもひなんどしたるこゝろをもおもひかへしなんどしてこそさぶらひしか。

「弁円さんなども念仏によって極楽往生しましたが、もともとは言葉で表現できないような過ちを実行しようとした気持ちがあり、それを反省したようなことがありましたよ」。

前掲書状中の「不可思議のひがごと」がまさに親鸞を殺害しようとしたということでしょう。

## (4) 弁円、親鸞の人柄に感動する

ところで、親鸞を殺そうとまでした凶悪《きょうあく》な山伏弁円が専修念仏に帰したからには、よほど親鸞は長い時間をかけてじっくりと念仏の教えを説いたのであろう、と言われることが多かったのです。しかし、はたしてそうでしょうか。人間は、初めて出会った他人に、しかも敵として憎んでいた人に何時間か説得されたくらいで簡単にコロッと参ってしまい、崇敬するようになるものでしょうか。

これについては親鸞が法然のもとに入門した時の様子が思い起こされます。『親鸞伝絵』に親鸞二十九歳の春のころ、法然の吉水草庵を訪ねた折、法然は次のように対

応してくれたとあります。

真宗紹隆《しんしゅうしょうりゅう》の大祖聖人、ことに宗の淵源《えんげん》をつくし、教の理致《りち》をきわめて、これをのべ給ふに、たちどころに他力摂生《たりきせっしょう》の旨趣《ししゅ》を受得し、飽《あく》まで、凡夫直入《ぼんぶじきにゅう》の真心《しんしん》を決定《けつじょう》しましましけり。

「浄土真宗を善導大師から受けて発展させ、確立させた法然聖人は、特にその根本を明確にし、念仏の教えの趣旨をあますところなく、それらをお話になると、親鸞聖人は阿弥陀仏が人々を救ってくださる教えの全体像を直ちに受け取り、徹底的に、自力では救われない人間がすぐさま極楽浄土へ往生できる道を心の底から納得されました」。

たしかに『親鸞伝絵』には法然の説得により、親鸞はその場で生き方を変えたとあります。

しかしながら、法然はこの吉水草庵で専修念仏を二十数年にわたって説き続けていたのです。開始したのは親鸞が出家する前です。法然が顕真はじめ多数の僧侶の前で専修念仏を説いて大評判になった「大原問答」は、親鸞が出家してから五年目のことでした。以後の法然を、後白河法皇・関白九条兼実・後鳥羽天皇中宮九条任子《くじょうとうこ》をはじめとする貴族たちはあつく崇敬していました。それらのできごとと専修念仏の理論を、勉強家だった親鸞が知らなかったはずはありません。

つまり親鸞が吉水草庵で法然聖人にうたれ、感動したのは、念仏の理論にではなく、法然の人間性にだったのではないでしょうか。専修念仏は知っている、でも二十年間学んできた天台宗の総合的な教えとは百八十度異なっている。その教えを信じてよいのか。

しかし吉水草庵で法然に出会って対話をするうち、この人なら信頼できるとの安心感を得、この人が説く専修念仏に一生を捧げようと決心したのではないでしょうか。

山伏弁円の話に戻れば、弁円が親鸞の念仏についてまったく何も知らずに稲田草庵に殺人に行ったとは考えられません。まして大覚寺の伝のように何十人もの山伏を率いる立場にいましたら、「気に入らない、すぐ殺せ」では、その立場にいる責任が果

山伏弁円坐像。石岡市大増・大覚寺蔵

たせないでしょう。必ずや親鸞の説いている念仏について調べることでしょう。ですから、弁円が稲田草庵に親鸞を訪ねた時、専修念仏は初耳ではなかったのです。親鸞も「危険人物弁円」を噂で聞いて知っていたでしょう。またそのような情報を取らないようではしっかりした布教活動はできません。

弁円は、その上で、自分は相手を殺そうと緊張しているのに「左右なく」（前掲『親鸞伝絵』）出現してくれた親鸞の人間性に感銘を受けたのです。

そういえば、殺そうとまで考えていた親鸞を稲田草庵に訪ねてみようと思ったのは、板敷山で何度待ち伏せしても会えない（繰り返しますが、板敷山は深山渓谷ではありません。配下の山伏と合わせて二、三人で待ち伏せしていれば絶対に発見できます）不思議さからです。まして『親鸞伝絵』によれば、弁円は「頗《すこぶる》奇特《きどく》のおもひあり」と思い始めているのです。親鸞は自分に何かよいことをもたらしてくれそうだとの期待が見えています。こうして弁円は明法房と改名し、熱心な念仏の行者になりました。

なお、江戸時代末になりますが、万延《まんえん》元年（一八六〇）刊行の『親鸞聖人御一代記図絵』（大系真宗聖典所収）には、山伏弁円は稲田草庵に怒鳴り込んだとして、その時の草庵内の様子を次のように想像しています。

一説に弁円、弓箭刀杖をたいし、御庵室に来る。居合《いあわせ》たる御弟子達大《おおい》におどろき、懸《かか》る曲者《くせもの》こそ乱入して侍《はべる》と申す。聖人聞《きこ》し召《めし》て、言《いう》ことなかれ。今日は最上の弟子を得《える》こと有りなん。待設《まちもう》けたる処《ところ》なりとて笑いを含んで左右なく出会《いであい》給へりとぞ。

「ある伝えに次のようにあります。弁円が弓矢や刀・杖等の武器を身につけて稲田草庵にやってきました。たまたま草庵にいた親鸞聖人の門弟たちは非常に驚き、ひどい悪漢が押しかけてきましたと声をあげました。聖人はこれを聞かれ、『静かにしなさい。今日はすばらしい弟子を得ることになりますよ。待っていたんですよ』と、微笑を浮かべられ、なんのわだかまりもなく部屋を出て弁円に会われたということです」。

ところで、前述しましたように、板敷山は弁円の本拠地の楢原から南方へ三十～四キロのところにあります。そして板敷山から北方へ八キロほど行くと、稲田草庵です。つまり稲田草庵は楢原から板敷山に行く途中にあるのです。それなら、弁円は最初から稲田草庵を襲えばよかったのではないでしょうか。

わざわざ稲田草庵から八キロも先の板敷山に行って、そこに籠って待ち伏せし、「今日も親鸞に会えない。昨日も一昨日も会えなかった」などと悩む必要はなかったのです。『親鸞伝絵』の記事を事実に基づいているとするならば、この問題を解決させなければなりません。

## (5) 熱心な念仏者となった弁円改め明法とその没

その後の弁円改め明法の生き方は、具体的には知られていません。そして明法は建長三年(一二五一)、親鸞七十九歳の時に亡くなりました。それを知った親鸞は、翌年の書状で次のように明法を賞賛しています(宛名不明、建長四年八月十九日付『親鸞聖人御消息集・広本』第一通、京都府真宗大谷派永福寺蔵。室町時代中期の写本。『末灯鈔』第二十通では同年二月二十四日付としています)。

明法御坊《みょうほうのおんぼう》の往生のこと、おどろきまふすべきにはあらねども、かへすがへすうれしふさふらふ。鹿島《かしま》・行方《なめがた》・奥郡《おうぐん》、かやうの往生ねがはせたまふひとびとの、みなの御よろこびにてさふらふ。

霞ヶ浦から筑波山を見る。湖面積220㎢で日本第二の湖。親鸞はこの湖を越えて鹿島神宮に参詣したとされますが、史料で確認する限りそれは親鸞54歳の時、『教行信証』執筆から２年後以降のことでした。

「明法さんの極楽往生のことは、驚いたということではありませんが、つくづくとうれしいです。鹿島郡・行方郡・奥郡に住む、このような極楽往生をお願いになる方たちの、皆が喜ばれることです」。

鹿島郡・行方郡は常陸国南部の地域で、北《きた》浦《うら》を挟んで東の海岸側の地域が鹿島郡、西側の地域が行方郡です。よく知られている霞ヶ浦は、行方郡のさらに西側にあります。また奥郡は、奈良時代から平安時代には奥七郡《おくしちぐん》と総称された、常陸国北部の地域です。ほぼ、現在の水戸市北部を流れる那珂川から北の地域です。

また別の親鸞書状では次のように述べています（宛名・年月日不明。『親鸞聖人御消息集・広本』第三通、京都府真宗大谷派永福寺蔵。『末灯鈔』第十九通）。

なにごとよりも明法の御坊の往生の本意とげておはしましさふらふこそ、常陸国中の、これにこゝろざしおはしますひとびとの御ために、めでたきことにてさふらへ。

「どんなことより、明法さんが極楽往生を遂げられましたことは、常陸国の中の、極楽往生を目指される人たちのために、祝うべきことですね」。

単に明法の極楽往生を祝うだけでなく、常陸国の人々にとって明法は手本となる念仏生活を送っていたというのです。

次は平塚の入道です。

# 5　平塚の入道の没

## (1) 平塚の入道の没

弁円（明法）が亡くなったのと同じ年に、やはり親鸞の門弟であった平塚の入道が亡くなりました。前掲の建長四年（一二五二）八月十九日付（または二月二十四日付）親鸞書状で明法の極楽往生を喜んだあと、次のように記しています。文中、「ひらつか」は漢字では「平塚」でしょう。

またひらつかの入道殿の御往生とき丶さふらふこそ、かへすがへすまふすにかぎりなくおぼえさふらへ。めでたさまふしつくすべくもさふらはず。

「さらに、平塚の入道さんが極楽往生されたと伝えられたことこそ、かさねがさね言葉に出せないほどうれしい思いです。そのおめでたいことは、いくら述べても述べ切れるものではありません」。

親鸞は弁円が極楽往生をしたのと同様、平塚の入道の極楽往生も祝福しています。

## (2) 平塚の入道とは？

では平塚の入道とはどんな人物だったのでしょうか。まず考えられるのは「平塚」を名字とする武士で出家している人物ということです。親鸞は弁円を「御坊」という敬称で呼んでいるのに対し、平塚の入道は「殿」ですから、専門の僧ではなく俗人であったということです。では平塚の入道はどこに住んでいたのでしょうか。以下住居の候補地、寺院等を検討します。

### ① 神奈川県中郡大磯町高麗・善福寺の開基説

平塚の入道は、神奈川県中郡大磯町《おおいそまち》高麗《こうらい》・善福寺《ぜんぷくじ》の開基の了源《りょうげん》であると、この善福寺では伝えています。大磯町の西隣の平塚市に大字の平塚があります。この「平塚」は平安時代以来の地名とされています。親鸞の書状に出る平塚の入道は、この平塚市平塚と関係が深い人物という推定があるのです。そして善福寺の寺伝では、平塚の入道は仇討《あだう》ちで知られた曽我兄弟《そがきょうだい》ゆかりの人物であるともいいます。曽我兄弟は伊豆半島東海岸の大豪族伊東祐親《いとうすけちか》の孫祐成《すけなり》・時致《ときむね》で、平塚入道はその従兄弟であったというのです。この寺伝に示されている系図は次のようになります。

伊東祐親
├ 祐泰
│　├ 曽我祐成
│　└ 曽我時致
└ 祐清 ― 祐光（了源、平塚の入道）

なお、この系図に示される了源は、のちに浄土真宗史で親鸞六老僧の一人として知られた了源とは別人物です。

## ②神奈川県南足柄市怒田・善福寺の開基説

平塚の入道は、神奈川県南足柄市怒田《みなみあしがらしぬだ》・善福寺の開基であるとも伝えられています。善福寺の伝えるところは大磯町の善福寺とほぼ同じです。両寺ともに浄土真宗本願寺派の寺院です。

## ③茨城県結城郡八千代町平塚と関わりが深い？

平塚の入道の名が出てくる親鸞書状は、鹿島・行方・奥郡という、常陸国の門弟たちに対する誡《いまし》めの書状です。その中に、念仏を称える手本として明法と平塚の入道が挙げられているのです。したがって、平塚の入道は常陸国の専修念仏者にとって親しい人物であったろうという推測が成り立ちます。

そこでその人物が住んでいた所として「ひらつか」に注目すると、常陸国および常陸国に接した下総国の「平塚」という地名が注目されます。この地域には三ヶ所に「平塚」という地名があります。現在の茨城県は、常陸国全体と下総国の四分の一くらい、および陸奥国《むつのくに》の一部から成り立っています。その中の、常陸国結城郡《ゆうきぐん》平塚郷

（現在の茨城県結城郡八千代町《やちよまち》平塚）です。

長享《ちょうきょう》二年（一四八八）、近くの渡辺新兵衛という武士が軍功によって古河公方足利《こがくぼうあしかが》成氏《しげうじ》から結城郡平塚郷を与えられています。天正《てんしょう》十二年（一五八四）には、豊臣秀吉《とよとみひでよし》が家来にこの土地を与えています。

この平塚には、直接の真宗門徒の痕跡は見当たりませんが、平塚から数キロの距離にある同じ八千代町の新地《しんち》（常陸国に接する下総国に所属していました）には、二十四輩の第五とされ、『親鸞聖人門侶交名牒《しんらんしょうにんもんりょきょうみょうちょう》』さらには『口伝鈔』にも名が出る新堤（「にいづつみ」。現在では「しんづつみ」と読みます）の信楽《しんぎょう》が住んでいて、多くの門弟を育てていました。したがって平塚も専修念仏には十分になじみの深い土地であったということができるでしょう。

### ④ 茨城県つくば市東平塚・西平塚・下平塚

ここの平塚は、文禄《ぶんろく》年間（一五九三〜一五九六）に常陸国の大豪族佐竹氏の支配下に入ったとされています。江戸時代末期には東平塚村・西平塚村・下平塚村が成立して旗本新庄鋼五郎《しんじょうこうごろう》の知行地となり、明治維新に入っています。

## ⑤ 茨城県筑西市上平塚・下平塚

応安《おうあん》元年（一三六八）、将軍足利義満《あしかがよしみつ》は伊佐郡《いさぐん》平塚郷を鹿島神宮に寄進しています。嘉慶《かきょう》元年（一三八七）大中臣治親《おおなかとみのはるちか》譲り状にも、「伊佐郡平塚郷は京都将軍家より御寄進の地なり」とあります。

僧侶が一ヶ所の寺院に定住する姿が世の中に定着するのは江戸時代に入ってからです。それ以前は、各地を流浪しながら修行して巡る、布教して歩くというのが一般的な僧侶のあり方でした。ただ、貴族や武士が出家したまま自宅にいるということもよくあったようです。「平塚の入道殿」には後者の色彩が濃く感じられます。平塚の入道の実像については、なお考究すべき部分が多くあります。

# 6　常陸国で臨終来迎、有念・無念、一念・多念の争いがおこる

前項の親鸞の弁円極楽往生・平塚の入道極楽往生に関わって述べた感想は、単に「おめでたい」ということには留まりませんでした。この二人の往生を祝った、建長四年（一二五二）八月十九日付（または二月二十四日付）親鸞書状には、引き続いて次のような文章が書かれています。

さりながらも往生をねがはせたまふひとびとの御なかにも御こゝろえぬことゞもゝさふらひき。

「しかしながら、極楽往生を願っておられる人々の中でも、心得違いの行動をしてい

る人もいるのです」。

周囲に、特に常陸国の人々の念仏者の中に問題のある人たちがいます、と親鸞は強い口調で咎めています。

たしかに前年つまりは親鸞七十九歳の建長三年（一二五一）閏九月二十日付の書状（真宗高田派本山専修寺蔵）で、親鸞は常陸国の門徒に対し、『阿弥陀仏は臨終にお迎えくださる』などと言っている人がいますが、これは浄土真宗の考え方ではありませんよ」とか、「『有念《うねん》・無念』も聖道門（天台宗・真言宗等）と浄土宗の考え方では異なっているから、正しく理解しなさい」などと叱っています。

さらに同年と推定される十二月二十六日、親鸞は門弟の教忍《きょうにん》に次の書状（広本第八通、京都府真宗大谷派永福寺蔵）を送っています。

常陸国中の念仏者のなかに、有念・無念の念仏沙汰のきこえさふらふは、ひがごとにさふらふと、まふしさふらひき。

「常陸地方の念仏者の中に、有念・無念の意味についての争いがあると聞きました。このことで争うのは間違っていると、言ったではありませんか」。

さらに、次のようにも誡めています。

一念こそよけれ、多念こそよけれなんどまふすことも、ゆめゆめあるべからずさふらふ。

「『一回のみの念仏がいいのだ』とか『何度も念仏を称える方がいいのだ』などと言い争うのは決してあってはいけません」。

つまり門弟の中で、教義あるいはそれに基づく行動にさまざまな問題が発生するようになっていたのです。これらのことについては、本シリーズ❽の次冊『八十歳の親鸞――造悪無碍――』で検討する計画です。

# おわりに

親鸞が法然のもとに入門してから満五十年。あの時の二十九歳の青年は七十九歳（いずれも数え年）、自らの信仰の境地を深め、多くの人々を導く存在になっていました。本書では、例によって鎌倉幕府や朝廷の維持状況を見た後、親鸞が、

たとひ法然聖人にすかされまひらせて、念仏して地獄におちたりとも、さらに後悔すべからずさふらう。

「法然聖人に『念仏を称えれば極楽往生できますよ』と教えられ、もしそれが嘘であり、実際に念仏を称えて地獄に堕ちてしまっても、私は決して後悔はいたしません」とまで慕った法然の、他の門弟やその仲間たちはどうなっていたかを広く調べまし

た。驚くなかれ、彼らはさまざまな信仰形態を生きていました。

ではは親鸞の弟子・孫弟子たちはどうだったのでしょうか。その中で本書では親鸞の親しい門弟であったもと山伏の弁円（明法房）と平塚の入道について見ることにしました。それは二人ともこの親鸞七十九歳の年に亡くなっていたからです。親鸞は二人の信仰を絶賛していました。信心さらに報謝に基づく念仏に徹底していたということです。

ところが、常陸国を中心とする東国の門弟たちの間では、いろいろな問題が湧き起こっていました。本書では、そのことに触れて結びにしてあります。この問題は本シリーズ次冊以降に検討します。

# あとがき

筆者（今井）は、今からはずいぶん昔、筑波大学の前身である東京教育大学の文学部に入学し、日本史学専攻に入りました。優れた先生方がおられまして、その中で修験道や民間信仰も視野に入れた研究をしておられた和歌森太郎《わかもりたろう》教授にお声をかけていただいたりしました。その和歌森先生の『修験道史研究』（本書六二頁に引用）という厚い研究書が有名で、この本は先生の卒業論文であったことを知ってとても驚きました。先生は、確かに「この本は僕の卒業論文だよ」とおっしゃいました。先生はずいぶん意欲的に調査・研究・執筆をされたに違いないのです。私もこのような本を書きたいものだと、十代の終わりころの私は漠然としてですが思いました。

本シリーズもさらに内容を充実させるべく、努力をしたいと思います。

本書は、今までのように、自照社の皆様のおかげで出版することができました。また校正は宮本千鶴子さんに手伝っていただきました。ありがとうございました。

二〇二二年九月十日

今井雅晴

＊著者紹介

**今井雅晴**（いまい　まさはる）

一九四二年、東京生まれ。東京教育大学大学院博士課程修了。茨城大学教授、筑波大学大学院教授、コロンビア大学、台湾国立政治大学、カイロ大学等の客員教授を経て、現在、筑波大学名誉教授、真宗大谷派宗宝宗史蹟保存会委員、東国真宗研究所所長。専門は日本中世史、仏教史。文学博士。

**著書**　『親鸞と浄土真宗』『鎌倉新仏教の研究』『仏都鎌倉の百五十年』『捨聖一遍』（以上、吉川弘文館）『親鸞と本願寺一族』（雄山閣出版）『わが心の歎異抄』（東本願寺出版部）『親鸞の家族と門弟』（法蔵館）『茨城と親鸞』（茨城新聞社）『親鸞と如信』『親鸞の東国の風景』（自照社出版）『鎌倉時代の和歌に託した心・続』（合同会社自照社）『鎌倉北条氏の女性たち』（教育評論社）ほか。

帰京後の親鸞──明日にともしびを──⑦

**七十九歳の親鸞**

──山伏弁円・平塚の入道の没──

2023年２月25日　第１刷発行

著　者　今井雅晴

発行者　鹿苑誓史

発行所　合同会社 自照社

〒520-0112 滋賀県大津市日吉台4-3-7

tel:077-507-8209　fax:077-507-9926

hp:https://jishosha.shop-pro.jp

印　刷　亜細亜印刷株式会社

ISBN978-4-910494-18-0

## 自照社の本

### 自然《じねん》の声に聞く 1

大田利生

【掌編随筆10篇】染香人／蟪蛄春秋を識らず／水中の月影／紅葉から／冬の日本海／雨を聴く／蓮の華／黄落／ほか

Ｂ６・36頁
150円＋税

### 自然《じねん》の声に聞く 2

大田利生

【掌編随筆10篇】鐘のある風景／才市さんの詩／私と向き合う／時の流れ／敬意と柔軟心／妙好人喜兵衛さん／ほか

Ｂ６・36頁
150円＋税

### 続 自然《じねん》の声に聞く

大田利生

【掌編随筆８篇】「去る」と「来る」／柿／春の訪れ／「不思議」という語／二つのことば／経典を読む姿勢／蔓草に思う／雲霧

Ｂ６・28頁
150円＋税

### 一縁会テレフォン法話集 阿弥陀さまの〝おはからい〟

一縁会 編

生かされ、はからわれて生きていることへの〈気づき〉と〈よろこび〉を日常のできごとからやさしく語るひと口法話30篇。

Ｂ６・112頁
800円＋税

### 自己を知り、大悲を知る

海谷則之

折々の出来事を通していのちのありようを考える寺報法話30篇。親鸞聖人のみ跡を慕う著者70歳代の学びと思索の記録。

四六・136頁
1000円＋税

## 帰京後の親鸞 ―明日にともしびを―

《全15冊》

今井雅晴 著

1 六十三歳の親鸞―沈黙から活動の再開へ―

2 六十七歳の親鸞―後鳥羽上皇批判―

3 七 十 歳の親鸞―悪人正機説の広まり―

4 七十四歳の親鸞―覚信尼とその周囲の人びと―

5 七十五歳の親鸞―『教行信証』の書写を尊蓮に許す―

6 七十六歳の親鸞―『浄土和讃』と『高僧和讃』―

7 七十九歳の親鸞―山伏弁円・平塚の入道の没―

8 八 十 歳の親鸞―造悪無碍―

9 八十二歳の親鸞―善鸞異義事件―

10 八十三歳の親鸞―精力的な執筆活動―

11 八十四歳の親鸞―『西方指南抄』―

12 八十五歳の親鸞―信心と報謝―

13 八十六歳の親鸞―自然法爾―

14 八十八歳の親鸞―静かな最晩年―

15 九 十 歳の親鸞―京都にて死去―

＊ 年2冊刊行予定 ＊